AF235466

Seelenalltag

Ria Kazenmaier

Impressum

Bibliografische Information der Deutschen Nationalbibliothek: Die Deutsche Nationalbibliothek verzeichnet diese Publikation in der Deutschen Nationalbibliografie; detaillierte bibliografische Daten sind im Internet über dnb.dnb.de abrufbar.

© 2020 Ria Kazenmaier
Herstellung und Verlag:
BoD – Books on Demand, Norderstedt
ISBN 9783751994408

Satz und Cover: saydi | Satzunddesign
www.saydi-satzunddesign.de

Inhaltsverzeichnis

Mein Name ist Ria Kazenmaier geborene Lacher. Ich wurde am 17. August 1960 in Herxheim bei Landau geboren.

Mit Psychologie und dem Sinn des Lebens setze ich mich seit dem Alter von 16 Jahren auseinander. Ich verschlang an Büchern alles, was mich weiterbrachte. Angefangen von Dr. Joseph Murphy (Vater des positiven Denkens) über Jane Roberts (Gespräche mit Seth), von Grenzwissenschaften bis hin zu Weisheiten des Dalai Lama und noch vieles andere mehr.

Angefangen mit dem Schreiben habe ich 1995, als ich das erste Mal nicht in einer Partnerschaft lebte. Plötzlich hatte ich das große Bedürfnis zu schreiben.

Die Worte schossen mir gerade so in den Kopf, so dass ich Mühe hatte, das Ganze überhaupt lesbar zu Papier zu bringen.

So entstanden nach und nach alle meine Gedichte.

Welt im Wandel

Die Welt im Wandel sich befindet, doch das Alte
nicht sang und klanglos verschwindet.

Das Alte will nicht weichen und versucht mit
vielen Tricks sein Dasein zu erreichen.

Um das Neue zu etablieren, entsteht zuerst ein
Chaos, um sich neu zu sortieren.

Alles, was aus dem Egodenken entstand, hat
seine Daseinsberechtigung verloren, die neue
Zeit wird aus dem Herzbewusstsein geboren.

Das neue Wort wird ein Wir-Bewusstsein sein,
das Kollektiv schließt jeden damit ein.

Die Menschen langsam erinnern sich, ICH bin
DU und DU bist ICH!

Wir stammen alle aus der gleichen Quelle, dies
wird langsam in den Köpfen der Menschen
etabliert, und somit die reinen Egomenschen
aussortiert.

Die alten Machtstrukturen kämpfen ums Überle-
ben, doch einen Fortbestand wird es für sie nicht
mehr geben.

Viele werden sagen, dass ist nur ein Wunschdenken in diesen Tagen.

Doch wir sind in der Umwandlung mittendrin, Mensch schau doch mal genauer hin.

Viele sind in der alten Denkweise steckengeblieben und glauben dann, dass die Veränderung nur von außen kommen kann.

Der Kosmos zeigt uns dann, dass eine Entwicklung immer nur von innen nach außen stattfinden kann.

Die Triebkraft allen Seins ist die Liebe allein. Liebe zu allem was ist, weil Alles miteinander verbunden ist.

Geduld

Geduld zu leben gar nicht einfach ist, weil sie
nicht meinem Naturell entspricht.

Neugierig auf alles und jeden, einfach neugierig
auf das Leben.

Warum soll man Geduld üben, wenn man wird,
innerlich doch angetrieben?

Als Kind schon mit 100 Sachen durch die Welt
gerast, Wissen aufgesogen und dann oftmals
falsch abgebogen.

Immer meiner Zeit voraus, das war für meine
Eltern bestimmt oftmals ein Graus.

Als Kind sich mit Themen auseinandergesetzt,
oftmals nicht kindgerecht eben, aber das brauchte
ich zum Leben.

Kritisch den Mainstream analysiert, da waren
Diskussionen immer vorprogrammiert.

Oftmals gegen den Strom geschwommen, um
zu erkennen dann, dass dies auch müde machen
kann.

Zurückgezogen von der Außenwelt, mit mir allein, brauchte ich, um wieder geerdet zu sein.

Dann mit Vollgas in das Wunder Leben, als hätte es nie einen Rückschlag gegeben.

Nun steht Geduld auf meinen Plan, ein Wort mit dem ich recht wenig anfangen kann.

Warum hält das Leben nicht jederzeit, für uns alle Antworten sofort bereit?

Ich höre leise eine Stimme in mir sagen, weil du noch nicht reif bist für alle Fragen.

Was aber wenn es mich doch interessiert, warum werden solche Fragen dann negiert?

Die Illusion des Seins

Was glaubt ihr wer ihr seid?

Ihr seid geistige Wesen, schon immer gewesen.
Verdichtete Schwingung hier auf Erden, damit
glaubt ihr zur Materie zu werden.

Ihr identifiziert euch über ieuren Körper, doch
auch dies nur Schwingung ist, ihr das immer
wieder vergesst.

Abgespalten von Geist, Seele, Körper tun eure
Ärzte eben, eure vermeintliche „Materie" als
Gesamtheit erheben.

Da alles schwingt in Resonanz, euer Bewusstsein
eine große Rolle spielt, ihr es doch auch selber
manchmal fühlt.

Das Bewusstsein ist der Ort, der ewiglich lebt
fort, selbst wenn ihr habt eure Hülle abgesteift,
das Bewusstsein immer weiterreift.

Euer irdischer Tod, niemals das Ende ist, ihr
Menschen, dies aber allzu oft vergesst.

Ihr tretet lediglich in eine neue Sphäre ein, wie
kann es dann,das Ende sein?

Die Skeptiker treten jetzt auf den Plan und fordern Beweise an.

Da aber nur Materie messbar ist, zumindest in eurer Welt, gibt es keinen Beweis, der für euch wirklich zählt.

Illusion der Trennung

Du glaubst du bist von Gott getrennt mein Kind,
dies doch alles eurem Denken entspringt.

Langsam wird euch klar, dass Getrenntsein, eure
Überzeugung von gestern noch war.

Die Wissenschaft in dieser Zeit, ist endlich
bereit, sich dem Denken anzupassen und andere
Experimente zuzulassen.

Ihr seid nun dazu bereit, zu akzeptieren, dass
alles verbunden ist, ein Meilenstein dazu die
Quantenlehre war, versteht ihr nun den Sinn, wo
will ich hin?

Das „vermeintliche Getrenntsein", doch eure
Schöpfung ist, was niemals der Realität ent-
spricht.

Indem die ganze Welt negiert, ob Gott hat jemals
existiert, erschafft ihr dann zum Ausgleich, euch
verschiedene Religionen an.

Die Religion selbst auch nur als ein Machtinstru-
ment zu sehen ist, denn auch sie separiert wieder
und bestimmt dann, wer später in den Himmel
kann.

Alles ist eins, wenn ihr das versteht, sich eure
Welt zum Besseren dreht.

Die Ur-Essenz doch bei allen Menschen gleich ist,
wenn ihr nach Innen geht und dabei die Werte von
euch selbst seht, dann habt ihr verstanden, nur ihr
selbst habt die Welt in Gut und Böse gespalten.

Durch euer vermeintliches Getrenntsein eben,
auch das ist eine Illusion, erschafft ihr es jeden
Tag aufs Neue eben und lässt, den anderen nicht
mehr in Frieden leben.

Ihr spaltet euch auf, in Völker, Gruppen und
Parteien und denkt dann, dass so mache Denke,
ausschließlich die Richtige sein kann.

Wenn ihr verstanden habt, dass die Basis jegli-
chen Lebens die gleiche ist, tut ihr das was dem
göttlichen Funken entspricht – ihr versteht dann,
dass da Getrenntsein niemals förderlich sein
kann.

Wo kommen sie her, die Kriege, die Feindbilder,
wozu würden sie erschaffen, nur um euch eure
„Getrenntheit" bewusst zu machen.

Ihr erschafft, jede Sekunde Tag für Tag, oftmals
das, was niemand mag.

Wenn euch bewusst wird, alles ist EINS, dann wird es keine Machtkämpfe mehr geben, denn was du für die anderen tust, tust du für die Welt, und das ist es was letztendlich zählt.

Aus dieser Perspektive heraus gesehen, wird unsere Welt endlich schön.

Inneres Kind

Deine Gefühle abzuschalten, ließen dich am Leben erhalten.

Wo unsagbarer Schmerz war und Pein, wolltest und konntest du nicht konfrontiert damit sein.

Als Kind konntest du den Zustand nicht verlassen, du musstest es über dich ergehen lassen.

Um dies zu überleben, hast du die Gefühle weggedrückt, ein Schalter half dir, welch ein Glück.

Dieser Schutzmechanismus verselbständige sich, und überall wo du konntest Dinge nicht ertragen, half dieser Schalter dir in allen Lebenslagen.

Konditioniert von Kindertagen an, half dir dein „Überlebensprogramm".

Von außen betrachtet, wirkst du dann, als vermeintlich starke Frau / starker Mann.

Innerlich verletzt und leergebrannt, wolltest du nichts mehr als Gefühle erleben, aber durch das Umprogrammieren war das nicht möglich eben.

Heute ist dir das bewusst und damit hast du einen wichtigen Schritt in Richtung Heilung getan, nun fängt die Arbeit mit deinem inneren Kind jetzt an.

Das erste Mal, dass ich es erblickt, fauchte mich ein Wesen an, das war schlimmer als jeder Horrorwahn.

Aggression gepaart mit Angst eben, es sieht alles als Feinde an, wird es mir gelingen, diesem Kind sein Vertrauen zurückzubringen?

Ich weiß nur, mit Geduld und Liebe wird es mir gelingen, zu diesem Kind vorzudringen

Geburtstag

Heute ist schon wieder ein Jahr vorbei, früher war mir das einerlei.

Heute genieße ich meinen Tag und umgebe mich mit Menschen die ich mag.

Die Zeit, sie rennt unaufhörlich dahin, es liegt an dir was gibst du ihr für einen Sinn.

Lebe bewusst den Augenblick, er ist schnell vorbei und kehrt nie wieder zurück.

Höre auf, dich mit Dingen aus der Vergangenheit zu konfrontieren und lass die Zukunft sein, denn du lebst nur in der Gegenwart allein.

Fange an deine Emotionen zu leben und dich über vermeintliche Normen zu erheben.

Was richtig oder falsch ist, kann niemand für dich entscheiden, nicht mal die Menschen, die dich auf deinem Lebensweg begleiten.

Auch sie haben ihre Emotionen und ihren Weg zu gehen, du kannst sie begleiten, aber bleib wegen ihnen nicht stehen.

Was uns alle verbindet ist die Liebe eben, die viele suchen im Außen dann, doch die Liebe fängt bei jedem, selbst im Inneren an.

Wir haben alle den göttlichen Funken erhalten und doch wird tagtäglich in Gut und Böse gespalten.

Wenn du verstehst, dass wir ALLE eins sind, dann erübrigen sich Bewertungen, denn dann wird dir klar, was du aussendest kehrt zu dir zurück, also überlege gut, was willst du erhalten – denn dann hörst du auf in Gut und Böse zu spalten.

Was du an anderen nicht magst, sind lediglich, die Schattenanteile, deiner Selbst, sie haben sich vor dir verborgen und treten dann genau auf den Plan, wenn man sie überhaupt nicht gebrauchen kann.

Du musst sie nicht bekämpfen, sie wollen lediglich integriert sein, also höre auf sie zu ignorieren, sie verschwinden nicht, sie zeigen sich dir nur durch des Anderen Gesicht.

Lass die anderen Menschen anders sein, sie sie sind wie du auf ihrem ureigensten Weg allein, das Ganze zu erfassen – du weißt nicht wo sie stehen ... also segne sie und lasse sie gehen.

Veränderung der Zeit

Das Zeitgefühl verändert sich, das merken die Menschen, wie du und ich.

Aber die Einheiten sind die gleichen geblieben und doch scheint die Zeit zu fliegen.

Was verbindest du mit Zeit schon- ist es nicht eine Emotion?

Bist du glücklich und zufrieden, scheint die Zeit zu fliegen.

Fühlst du dich einsam und allein, scheinen die Stunden unendlich zu sein.

Was will es uns sagen, das Zeitraster, das wir Menschen erschufen, funktioniert nicht an allen Tagen.

Das Fernsehprogramm bestimmt wann und wie sie glücklich sind.

Sie flüchten in eine Traumwelt, können die Realität schwerlich ertragen, warum wohl, sie hören nicht auf ihre Stimme die immer leise zu ihnen spricht – Mensch, das bist DU in Wirklichkeit nicht.

Massenmedien versuchen Menschen zu bewegen, das tun sie auch – außer jemand hört auf seinen eigenen Bauch.

Zum Glück ist uns ein freier Wille gegeben und jeder kann nach seinem Gutdünken leben.

Wenn mancher wird still, erzählt ihm sein Herz auf seine Weise, wo geht hin sein Weg, was ist seine Reise.

Aber die Mehrheit schon, wird gelenkt vom Massenstrom.

Wichtig ist, was ist „in" oder nicht, oder wer gerade wem, das Herze bricht.

Äußerlichkeiten, sind es die letztendlich, den Menschen ihren Weg bereiten.

Es gibt nur einen Weg zurück, der dir zeigen kann, was ist dein Ziel im Leben irgendwann.

Es ist der Weg des Herzens, sei er noch so schwer, es gilt ihm zu vertrauen und nach vorne zu schauen.

Verbringe Zeit mit dir, denn du bist der wichtigste Mensch in deinem Leben, deinen Stellenwert im Leben, kann dir niemand anderes geben.

Du glaubst der neuste Trend und Labels helfen
dir, doch innerlich fühlst du dich immer noch
leer.

Warum dies wohl so ist?
Weil es nicht deiner Natur entspricht.

Mensch mach dir klar, du bist ein einzigartiges
Wesen, jemand der noch niemals vor dir da
gewesen.

Lass dich bitte nicht von Massen manipulieren
und damit deine Individualität wegrationalisieren.

Du bist einzigartig und gut wie du bist, auch
wenn du nicht gerade der derzeitigen Mode
entsprichst.

Chaos

Die Liebe ist der Ursprung allen Seins, doch
meist regiert in dieser Welt das Chaos allein.

Schauen wir uns mal die Medien an, Mord und
Totschlag steht täglich auf dem Plan.

In der Politik scheint es nicht besser zu sein,
jeder möchte nicht mal dem anderen zuhören,
die Sichtweise, könnte seine eigenen Pläne
zerstören.

Doch was wir im Außen sehen, ist das Innen-
leben der Menschen und das ist oft gar nicht
schön.

Jeder doch unzufrieden ist, allerdings fehlt ihm
oft die Selbstreflektion, um zu ändern, seine
eigene Situation.

Wir kamen auf diese Welt mit unserer Schöpfer-
kraft, doch wer will schon eigenständig denken
– lieber lässt er sich von den Medien lenken.

Schon vor Jahrhunderten hat man erkannt, gib
ihnen Brot und Spiele, dann hast du Denker nicht
sehr viele.

Jeder heute ständig online ist, und darüber die Verbindung zum Universum vergisst.

Lieber lebt er nach einem festen Plan, der ihn niemals zufriedenstellen kann.

Dass wir alle miteinander verbunden sind, weiß inzwischen jedes Kind.

Es gilt sich zu besinnen – was denke ich – bei allen Dingen.

Jeder Gedanke ist er auch noch so klein, verbindet sich dann, und zieht entsprechendes Denken an.

Also sollte man langsam erkennen – Denken kann zusammenführen oder trennen.

Warum regiert derzeit das Chaos in dieser Welt, weil jeder ausschließlich alleine auf sein Ego zählt.

Die meisten haben nicht verstanden, wenn wir bündeln unsere Gedanken, ziehen wir Gleichdenkende an – doch Vorsicht – unreflektiert erschaffen wir dann in unserem Wahn, die Welt wie sie heute ist, auch wenn die Vorstellung davon, den wenigsten entspricht.

Hass kann niemals mit Hass gelöst werden, es
bringt nur noch mehr Unheil hier auf Erden.

Liebe und Akzeptanz, ein WIR anstatt ein ICH, so
ändern sich die Menschen wie du und ich.

Au revoir

Nun ist die Zeit gekommen, es ist wahrlich nicht
schön, von Altbekannten zu gehen.

Revue passierend kann ich wohl sagen, verstanden
haben die Menschen sehr wenig in all den Tagen.

Toleranz – dieses Zauberwort- trug oftmals
meine Bedenken fort.

Für jeden allzeit präsent – nur wo sind sie geblie-
ben – wenn auch für mich ein Problem entstand
– dann waren sie bereits fortgerannt.

Man lernt schnell, dass sich der andere Mensch
mit deinen Problemen nicht konfrontieren will.

Man steckt zurück und macht nicht abhängig
davon sein Lebensglück.

Doch tief im inneren bohrt ein Schmerz, der will
dir sagen, höre auf dein Herz!

Auch das wurde von mir lange ignoriert und sich
im Außen orientiert.

„Es wird schon" – die Toleranz – die man bereit ist
zu leben, wird dir als Kleinkariertheit zurückgeben.

Jeder sich wichtig ist, doch gute Freunde man schnell vergisst.

Hat man ein Problem, ist die Hilfe des Freundes doch sehr bequem.

Ansonsten kann man getrost gelassen, sein eigenes Ding zu jeder Zeit machen.

Nehmen ist nicht schwer – doch geben umso mehr.

Was wollte eigentlich ich – ein wenig Aufmerksamkeit – auch für mich.

Ein offenes Ohr, ein wenig Mitgefühl, ist das alles schon zu viel?

Ich musste erkennen, auch ich kann mich verrennen.

Freundschaft ein großes Wort, manchmal trägt der Wind es mit sich fort.

Au Revoir – gute Reise – jeder geht auf seine Weise.

Auch so entfernen sich, die Menschen, wie du und ich.

Abschied

Es wird Zeit Abschied zu nehmen, von alten
Dingen, so recht will es mir noch nicht gelingen.
Allerdings geht das Leben weiter, immer hoch die
Hühnerleiter ...

Nein Spaß beiseite was will es uns wohl sagen,
wir sind oft festgefahren in vielen Lagen.

Dass das Leben schwingt, das weiß mittlerweile
jedes Kind.

Es gilt auf diesen Wellen zu reiten und nicht an
unseren vermeintlichen Niederlagen zu scheitern.

Mal bist du oben, dann wieder unten, so macht
das Leben bei jedem von uns oft „Überstunden".

Wann endlich begreifen wir, wir leben im Jetzt
und Hier.

Was gestern war, ist vorbei und wer weiß schon
was morgen ist, du weißt nicht mal ob der Tag
noch zu dir spricht.

Kümmere dich nicht um das Morgen, es sind
oftmals nur unnötige Sorgen, übergebe dich dem
Universum schon, dann reitest du auf dem Strom.

Lass dich auf das Spiel ein, du kannst letztendlich nur ein Sieger sein.

Was hast du zu verlieren? – Vermeintliche Werte, auf die in der Anderswelt niemand zählt.

Was nimmst du mit, wann trittst du ab, was nimmst du wirklich mit ins Grab?

Keine Dollars, Immobilien oder Schmuck, das entpuppt sich nur als Spuk.

Deine Gefühle, deine glücklichen Momente sind das was zählt, nicht was dich quält.

Glücklich möchte jeder sein im Leben, doch das Materielle kann dir nur vorübergehend Zufriedenheit geben.

Kurz währt das Gefühl, dann ist es weg, es muss ein neuer Kick her – welcher Schreck.

So sind wir konditioniert worden seit Kindesbeinen an, welch Wahn.

Es gilt zu überdenken, welche Werte dir wahre Zufriedenheit schenken.

Ein Sonnenaufgang, ein Lächeln von einem Kind,
sind es nicht diese Werte, die nicht käuflich
sind?

Erkennen muss das jeder auf seine Weise, der
eine registriert es still und leise, der andere
wendet sich davon ab und bleibt unzufrieden bis
ins Grab.

Wenn jeder nachdenkt und fängt bei sich an,
dann hört er langsam auf, der Wahn.

Respekt, Zufriedenheit, kann man niemals kaufen,
zu keiner Zeit.

Also was nimmst du mit, wenn man dich trägt zu
Grabe – es sind nur deine schönen Tage.

Wach auf und erkenne geschwind, welche Werte
im Leben wichtig sind.

Mitten im Leben

Was passiert gerade, was geht gerade ab, die Informationen halten mich ständig auf Trab.

Was wird die Zukunft bringen? – Selbst mit vermeintlichen Garantien muss sie nicht in deinem Sinne gelingen.

Es ist ein „up and down", die Ereignisse überschlagen sich, das was wirklich zählt – wer bin eigentlich ich?

Wo will ich hin, was kann ich überhaupt noch tun? – Vorschriften wohin man blickt davon wird man fast erdrückt.

Viele Leute nehmen die Vorschriften hin, als hätte dies alles einen Sinn.

Aber was macht das mit mir – ich kann nur so viel sagen, es ist ein Geduldsspiel in diesen Tagen.

Aber da jede Medaille zwei Seiten hat, findet auch hier wieder eine Bewusstseinserweiterung statt.

Alles was früher nicht möglich war, wird in diesen Tagen wahr.

Unsicherheit macht sich oftmals breit, ist dies der Zahn der Zeit?

Wenn man das letzte Lebensdrittel hat begonnen, will man ankommen, ist müde schon, von der Kämpfe und der Situation.

Aber die Herausforderungen werden mehr und das fällt manchmal so unsagbar schwer.

Der Geist ist es nicht, es liegt an der Umsetzung eben, neue Aktionen im Leben.

Dabei wird dir bewusst, auch das Alter fordert seinen Tribut ein, du wirst nie mehr dieselbe wie mit dreißig sein.

Ankommen wäre mal schön und nicht immer wieder vor einem neuen Scherbenhaufen stehn.

So ist das Leben eben – vorwärts gelebt und rückwärts verstanden, so war es auch schon bei den Alten.

Nun bin ich selber bei den „Alten" angekommen und kann sagen – das Leben ist eine Pranlinenschachtel an allen Tagen.

Allein

Umgeben von Freunden und doch allein, so ist es im Leben allgemein.

Auch dazu gilt es ja zu sagen, denn diese Momente bringen dich weiter in allen Tagen.

Ein Ratschlag hier und ein Ratschlag da, sie können gegensätzlich sein, und doch fügen sie sich in ein Gesamtbild ein.

Ein jeder eine andere Perspektive einnimmt und die Dinge von einer anderen Warte wahrnimmt und trotzdem stehst du letztendlich da, bist allein und musst eine Entscheidung fällen, die dir gerecht muss sein.

Was ist richtig und gut, was fühlt sich gut an, du bist verunsichert und doch vertraust du auf deine innere Stärke, denn was richtig ist für dich, deine Emotionen sprechen für sich.

Leider sprechen dein Kopf und dein Herz nicht immer synchron ... aber man weiß es schon.

Wer wird den Wettstreit gewinnen, ist es dein Gehirn, das aus alten Erfahrungen schöpft oder das Herz, das manchmal unverständlich ist, auch wenn es doch die Wahrheit spricht?

So genau kann man dies nicht sagen, es hängt ab, von den Tagen.

Einmal bist du voller Vertrauen und kannst in jeden Moment auf dein Herz bauen.

Ein anderes Mal ist es nicht so, dass dein Gehirn die Übermacht gewinnt und dann dein Handeln bestimmt?

Es gilt immer ins Vertrauen zu gehen, auch wenn der Weg nur schelmenhaft ist zu sehen.

Wie oft hast du später erkannt, ich habe mich mal wieder blenden lassen und mein Herz dabei außen vorgelassen.

Dein Herz klopft immer an die Tür, die Frage ist, willst du es hören, oder würde die Antwort deine Planung zerstören.

Und so entwickeln wir uns alle weiter, mit jedem Fehlschlag werden wir gescheiter.

Was ist, wenn wir immer auf unser Herz hören,
es wäre leichter für uns ungemein, der Verstand
will aber der Kontrolleur sein.

Das Leben wurde uns gegeben und wird uns
genommen, es gibt für niemand ein Entkommen.

Lebe im Moment – im Augenblick, denn das ist
das wahre Glück.

Reflektionen

Wenn man mit sich alleine ist und die Umwelt
dann vergisst, fallen dir viele Gedanken ein, die
sollten besser nicht sein.

Man erkennt dann, es steht wieder Seelenhygie-
ne an.

Frag dich was will es dir sagen – eine Botschaft
erhältst du in allen Tagen.

Vieles hast du vor Jahren weggedrückt, hast es
vergraben, wolltest es nicht mehr sehen, das sind
die Dinge die heute vor dir stehen.

Gib ihnen ihre Aufmerksamkeit, akzeptiere –
auch das bist du – dann verschwinden sie im nu.

Schattenanteile, die keiner gerne mag, gehören
zu dir wie die Nacht zum Tag.

Wer möchte sich schon gerne eingestehen, auch
ich habe Emotionen, die sind nicht immer schön.

Doch darum geht es nicht, einfach akzeptieren,
das Eine kann ohne das Andere nicht existieren.

Wer bist du?

Ein Klick und schon ist es vorbei, beurteilt wird ausschließlich die Bilddatei.

Wer hinter dem Profil sich versteckt, wird selten entdeckt.

Wir leben in einer Wegwerfgeneration – was habe ich – wer bist du schon?

Dabei kann man schön reflektieren, was will das Universum sagen, was habe ich zu integrieren?

Niemand tangiert dich ohne Grund, deine Schattenseiten, was wollen sie dir sagen – sieh genau hin – an allen Tagen.

Und doch schleicht sich ein Modus ein – so muss der Traumpartner aussehen – so soll er sein.

Mit welchen Augen man selbst in den Spiegel blickt, manchmal wird das eigene Bild schnell zurechtgerückt.

Ist man nicht einig mit dem Bild, werden die Statuswerte vorangestellt.

Ich bin zwar nicht modellgerecht, aber mein
Haus und Auto wird es richten, ich werde den
richtigen Partner schon sichten.

Mit solchen Absichten man sich durch die Foren
klickt — und wundert sich, warum reagieren
manche Menschen nicht auf mich?

Weil Innen so wie Außen ist — und niemand
kommt, der dir nicht entspricht.

Oft weisen manche Menschen deine eigenen
Schwachstellen auf, du verbiegst dich lieber,
nimmst dies in Kauf.

Was ziehst du damit an, Leute, die ebenfalls
nicht authentisch sind — und wunderst dich dann
— warum dies wieder mal nichts werden kann.

Wir sind in einer Katalogwelt angekommen,
die Menschen dahinter sieht man nur noch
verschwommen.

Jedes Bild erzeugt eine Emotion — wusstest du es
eigentlich schon?

Wie gehst du damit um — ich sage es dir — du
klickst weiter und befreist dich dann — schnell weg,
was will diese Frau/dieser Mann mir wohl sagen?

Ich kann es nicht ertragen.

Nur so entwickelst du dich nicht, aber du suchst
ja deinen Traumpartner, richtig – oder nicht?

Oftmals ist ein junger Mann, ein Statussymbol
dann, bei den Frauen es nicht anders ist, sie
muss mich lieben, sie sagt es mir ins Gesicht.

Was wollen diese Menschen eben, oftmals nur
ein bequemes Leben.

Sie sehen es als Sprungbrett an, vielleicht erwi-
sche ich dadurch, doch die richtige Frau/den
richtigen Mann.

Von Liebe keine Spur, beide gaukeln sich was
vor.

Aber jeder lebt in seiner eigenen Welt und kann
tun und lassen was ihm gefällt.

Es gibt auch keine Normen, jeder hat seine
Prioritäten für sich auserkoren.

Doch ich sage dir – Mensch wundere dich nicht,
wenn du erhältst was in keiner Weise dir ent-
spricht!

Wir sind alle Eins

Wir sind alle Eins, viele sagen, was soll der
Scheiß.

Sie definieren sich über ein DU und ein ICH.

Erst daran können sie ihren Wert erkennen und
gewisse Normen benennen.

Schnell wird dann bewertet was gut und richtig
ist, sobald es ihrer eigenen Denkweise ent-
spricht.

Andersdenkende werden ignoriert oder im
schlimmsten Fall, dem Scharfrichter vorgeführt.

Die Illusion der Trennung, erschaffen sie jede
Sekunde neu und bleiben auch ihren Grundsät-
zen ein Leben lang treu.

Von Entwicklung wird nicht viel gehalten, sofort
wird wieder in Gut und Böse gespalten.

Toleranz, Koexistenz doch Fremdworte sind –
wie kann man nur so unflexibel sein, aber die
meisten reihen sich in dieses Weltbild ein.

Verantwortung heißt das Zauberwort – es wird
im Außen reflektiert und einen Schuldigen hat
man auch sofort kreiert.

Was ist aber, wenn wir alle verbunden sind, ich
bin du – du bist ich?

Im Außen bekommen wir gespiegelt, was wir im
Inneren verneinen, es wird weiter das serviert,
bis wir es haben integriert.

Es gilt die Akzeptanz zu haben, dass wir alle,
wirklich alle Anteile in uns tragen.

Somit keiner besser ist, da doch alles dem Göttli-
chen entspricht.

Die Zeit

Die Zeit rennt unaufhörlich davon, mal bist du
total daneben, mal synchron.

Was will uns dies sagen, wir sind nicht nur in
unserer Mitte, an allen Tagen.

Mal rinnt sie dir durch die Finger durch, dann
war Freude angesagt oder Stress, da beides mög-
lich ist, weißt du, was am ehesten dir entspricht.

Sie wird manchmal sogar totgeschlagen, dann
sind die Menschen verzweifelt an den Tagen.

Aber die Zeit interessiert es nicht, sie ist ewiglich.

Nun man sollte bedenken, nie sinnlos Zeit zu
verschenken, denn du weißt nicht, ob der Mor-
gen nochmals zu dir spricht.

Die Menschen schieben vieles für später auf, das
ist oft der Lebenslauf.

Schnell ist ein Menschenleben vorüber, was dann
– viele Chancen nur zu oft vertan.

Selbst ausgebremst von „mache ich morgen",
oder „heute habe ich zu viele Sorgen".

Gedankenlos, wird sie verschwendet, als ob das Leben unendlich wär, warum haben so viele Menschen dafür kein Gespür?

Nun ist die Zeit gekommen, bewusst zu sein – wer lässt sich darauf ein?

Wenn man älter wird, scheint die Zeit zu fliegen und oftmals fragt man sich, wo sind die Tage geblieben?

Wer hat noch Träume – und wer hat sie begraben – es ist eine Einstellung an allen Lebenstagen.

Wer glaubt an sich und wer hat aufgegeben – und wartet nur noch auf sein Ende eben?

Was ich sagen will, die Uhr tickt immer – wenn auch still!

Lass dir niemals deine Träume nehmen, egal wie schwer es zugeht in deinem Leben.

Bleib in deinem Vertrauen, das ist es letztendlich, worauf du kannst bauen.

Liebe ist das einzige was zählt, egal was dich sonst noch so quält.

Wenn du gehst in die andere Dimension, was nimmst du mit, deine Erfahrungen schon.

Alles andere musst du zurücklassen, egal wie viel du dich dafür hast manipulieren lassen.

Materie, soviel sie dir auch bedeutet, geht auf in Schall und Rauch, was bleibt ist die Liebe allein, die schon immer gelebt wollte sein.

Ein Leben

Der Vorhang fällt, die Maske wird abgenommen,
ein Leben ist ans Ende gekommen.

Rückblickend wäre zu fragen, hat es dem Menschen gefallen in all den Jahren?

Welche Träume wurden begraben, wie oft hat
man Ja anstelle Nein gesagt zu vielen Fragen.
Der Vorhang fällt, der Mensch ist nun in der
anderen Welt.

Man nimmt eine neue Perspektive ein, hat
erkannt, wie oft habe ich mich in meinem Leben
verrannt.

Wollte jedem und allen gefallen, nur um nicht
aus dem Raster zu fallen.

Nun steht sie still die Zeit, für die Ewigkeit.

Welche Glücksmomente hat dieser Mensch
geschaffen, welche Sachen erkennt er nun, für
die es zu spät zu tun?

Rückblickend wird das Leben verstanden, warum
hat man nicht die Gelegenheit um vorwärts zu
schauen in der Zeit?

Alles doch eine Entwicklung ist, so wie es jedem individuell entspricht.

Nur die Gesellschaft hat das Schubladendenken erschaffen und die Menschen oftmals zum Ja-Sager werden lassen.

Warum nur? – Um nicht aufzufallen, dafür hat man seine Individualität verleugnet schon, um mitzuschwimmen mit dem Strom.

Langsam kommt die Zeit, um es im realen Leben zu erkennen und nicht wegzurennen.

Nur wir können unsere Erfahrungen machen, und das gilt für alle Sachen.

Wir haben uns die Erde ausgesucht, warum wohl?

Weil es hier alles gibt und jede Emotion kann gelebt werden, auch wenn wir manche nicht bräuchten hier auf Erden.

Wir sind Liebe – das sind wir schon immer gewesen, durch das Tor des Vergessens geschickt, um zu erkennen, das Liebe alles zusammenhält und das ist das Einzige was im Universum zählt.

Warum stellt sich die Erkenntnis oftmals erst im Tode ein, kann es nicht auch früher sein?

Dazu gilt zu sagen, wir haben die Chance in all unseren Tagen.

Nur angepasst, geschieht das nicht, erst man seiner Individualität entspricht.

Dann gehört man nicht mehr dazu und das Störende daran, man fällt aus dem Raster raus und dann oh Graus – man wird nicht mehr für voll genommen und ist am Rande der Gesellschaft angekommen – das Ego bäumt sich auf und man nimmt alles wieder billigend in Kauf.

Was findest dabei statt, eine Negierung der eigenen Person, wer will dies schon!

Die Liebe wird immer weiterleben, egal wie du dich entscheidest – auch dagegen.

Sie ist die Basis jeglichen Seins und schließt alles Leben mit ein.

Werde dir deiner Individualität bewusst, dann hast du dir den Weg der Liebe ausgesucht.

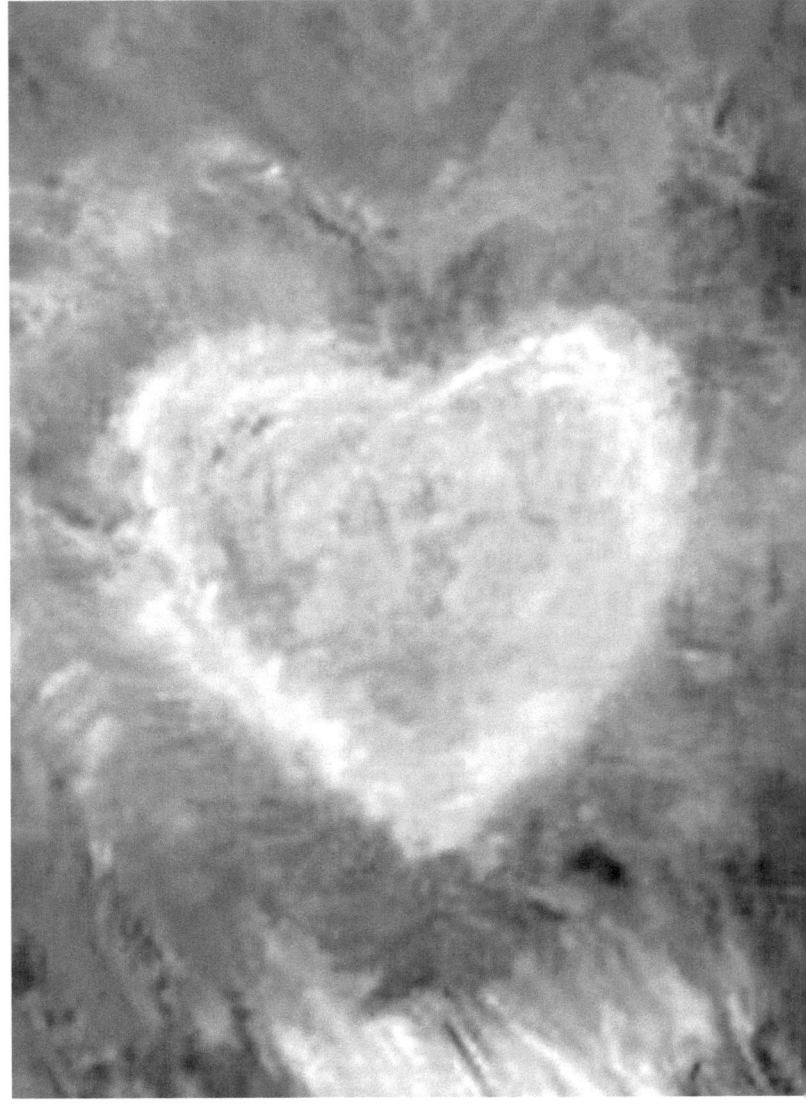